Bibliografische Information der Deutschen Nationalbibliothek:

Die Deutsche Bibliothek verzeichnet diese Publikation in der Deutschen National-
bibliografie; detaillierte bibliografische Daten sind im Internet über http://dnb.d-
nb.de/ abrufbar.

Impressum:

Copyright © 2016 GRIN Verlag, Open Publishing GmbH
Druck und Bindung: Books on Demand GmbH, Norderstedt Germany
ISBN: 9783668332355

Dieses Buch bei GRIN:

http://www.grin.com/de/e-book/343507/industrie-4-0-und-cybercrime-sicherheits-
konzepte-fuer-cybersecurity

Lisa Villing, Nora Bohland

Industrie 4.0 und Cybercrime. Sicherheitskonzepte für Cybersecurity

GRIN Verlag

Fachbereich Wirtschaft

M.A. Supply Chain Management

Sommersemester 2016

Industrie 4.0

und Cybercrime/Cybersecurity,

Sicherheitskonzepte

Modul: EDV-Anwendungen im SCM

Nora Bohland

Lisa Villing

Inhaltsverzeichnis

Abkürzungsverzeichnis

BKA	Bundeskriminalamt
BSI	Bundesamt für Sicherheit in der Informationstechnik
DDoS	Distributed Denialof Service
IEC	Internationale Elektrotechnische Kommission
ISO	Internationale Organisation für Normung
KMU	Kleine und mittelständische Unternehmen
MSS	Managed Security Services

Abbildungsverzeichnis

1 Einleitung

„Technology [...] is a queer thing. It brings you great gifts with one hand, and it stabs you in the back with the other."[1]Diese Interpretation hat der Wissenschaftler Charles Percy Snow schon am 15. März 1971 in der New York Times verlauten lassen, ohne zu ahnen welch hohe Relevanz dieser Aussage 45 Jahre später, bedingt durch den Fortschritt hinzu Industrie 4.0, zugesprochen würde. Spätestens die Veröffentlichung der Enthüllungsaktivitäten des „Whistleblowers" Edward Snowden über die Spionageaktivitäten der USA hat Unternehmen hinsichtlich der bedrohenden Existenz von Cybercrime wachgerüttelt.[2] Die Tatsache, dass das Bundeskriminalamt im Jahr 2014 ca. 50.000 kriminelle Handlungen dem Themengebiet Cybercrime zugeordnet hat, unterstreichterneut die Bedeutsamkeit dieser Bedrohung.[3] Nichtsdestotrotz verhalten sich die Abwehrmaßnahmen bis dato auf einem vergleichsweise geringen Niveau, was nicht zuletzt der Tatsache geschuldet ist, dass es sich bei den durch Cyber-Angriffe entstandenen Schäden nicht um physisch greifbare Größen handelt.

Industrie 4.0 zeichnet sich in erster Linie durch eine schnittstellenübergreifende Vernetzung aus, die auf einem permanenten Austausch von Daten basiert. Durch die Zunahme des Datenvolumens sowie der Anzahl an Schnittstellen gewinnt das Ausspähen, Sabotieren oder Löschen von Datensätzen für Hacker[4] verstärkt an Attraktivität. Bereits heute zeichnet sich ein neuer Trend vonCyber-Attacken ab, die den Fokus auf Angriffspunkte in den Wertschöpfungsprozessen von Unternehmen legen. In diesem Zusammenhang ist bspw. auf das 2014 veröffentliche Schadprogramm Havexzu referieren, welches spezifisch für Produktionsanlagen entwickelt wurde, um deren Daten für spätere Missbrauchszwecke zu sammeln. Die Folgeschäden krimineller Aktivitäten lassen sich für Unternehmen nur schwer quantifizieren. Je nach Charakter und Erfolg des Angriffs reichen die Schäden über finanzielle Einbußen bis hin zum Reputationsverlust. In dieser Tatsache ist eine zunehmende Fokussierung auf IT-Sicherheitsmaßnahmen seitens der Unternehmen begründet. Eine Implementierung erfolgsversprechender Sicherheitskonzepteist jedoch kein leichtes Unterfangen, was die Aussage des Berufshackers und Inhabers einer IT-Sicherheitsfirma Felix Lindner verdeutlicht: „Die Angriffstechnologie ist in der Entwicklung stets 15 Jahre weiter als die Abwehrtechnologie."[5]

Diese Arbeit hat sich folglich zum Ziel gesetzt, die bedeutsamsten Herausforderungen der Industrie 4.0 hinsichtlich potenzieller Angriffspunkte für Cybercrime herauszuarbeiten und zielgerichtete Lösungsansätze sowie Handlungsempfehlungen auf technischer sowie organisatorischer Ebene vorzustellen.

---

[1] Lewis (1971), S. 37.
[2] Vgl. Klipper (2015), S. 5.
[3] Vgl. Bundeskriminalamt (2015), S. 4.
[4]„A hacker is a person who uses computers in order to gain unauthorized access to data and cause damage." Vgl. Merriam-Webster, Incorporated (2015).
[5]WeltN24 GmbH (2016).

2 Begriffliche Grundlagen

2.1 Industrie 4.0 aus Sicht der IT-Sicherheit

Begrifflichkeiten wie „Industrie 4.0" oder „cyberphysische Systeme" stellen für die meisten direkt und indirekt Betroffenen immer noch große Abstrakta dar. Dies ist vor allem darin begründet, dass es sich hierbei nicht um physikalische Größen handelt, die wir Menschen physisch wahrnehmen können. Die Definition von Industrie 4.0, die dieser Ausarbeitung zu Grunde liegt, ist dem Abschlussbericht des Arbeitskreises Industrie 4.0 entnommen. Dieser definiert Industrie 4.0 als „vierte industrielle Revolution, [die] eine neue Stufe in der Organisation und Steuerung der gesamten Wertschöpfungskette über den Lebenszyklus von Produkten"[6] darstellt. Die Intelligenz von Produkten und Systemen, deren datenbasierte vertikale Vernetzung und horizontale Integration über die Wertschöpfungskette sind Hauptbestandteile der Entwicklung. Im Fokus steht hierbei die intelligente Fabrik (engl.: Smart Factory), die sich durch eine Effizienzsteigerung in der Produktion, eine geringere Störanfälligkeit sowie die Beherrschung von Komplexität durch modernste Informations- und Kommunikationstechnik auszeichnet. Gekoppelt an die Smart Factory sind die intelligenten Produkte (engl.: Smart Products), die eigens Daten über ihren Herstellungsprozess enthalten und somit die Fertigung steuern, beschleunigen und vereinfachen.[7]

Die Grundlage für die schnittstellenübergreifende Umsetzung von Industrie 4.0 legt die Verfügbarkeit aller relevanten Informationen in Echtzeit mittels der Vernetzung aller Wertschöpfungspartner. Durch cyberphysische Systeme, also die systemische Verknüpfung von Mensch, Maschine, Produkt und Software, entstehen im Endeffekt Wertschöpfungsnetzwerke, die sich eigenständig steuern, kontrollieren und optimieren.[8] Die Vernetzung über die Supply Chain führt dazu, dass eine Vielzahl von Akteuren in die Prozessabläufe einzubinden ist.[9] Der Austausch sensibler Daten setzt ein Vertrauen zwischen den Teilnehmern der Supply Chain voraus. Dieses Vertrauen wird verstärkt, indem die Sicherheit über die nachweislich korrekte Übermittlung der Daten gegeben ist.

Ein Großteil der Entwicklungen für Industrie 4.0 ist bis dato noch nicht in der Praxis umgesetzt. Abgesehen von vereinzelt realisierten Pilotprojekten ist Industrie 4.0 also faktisch heute noch nicht in vollem Umfang existent.[10]Es zeichnet sich in der Praxis jedoch eine Fokussierung auf die Thematik ab, die mit einer Bereitschaft für dementsprechende Investitionen einhergeht. Laut einer 2014 durchgeführten Studie des BITKOM e. V. werden in Deutschland bis 2020 Investitionen in Höhe von 11 Mrd. € für Industrie 4.0 erwartet.[11]

---

[6]Acatech u. a. (2013), S. 23.
[7]Vgl. Ebd.
[8]Vgl. Schöning (2015), S. 97.
[9]Vgl. BITKOM e. V./VDMA e. V./ZVEI e. V. (2015), S. 71.
[10] Vgl. Bundesministerium für Wirtschaft und Energie (2016), S. 17.
[11] Vgl. BITKOM e. V. (2014).

Gesetzt ist demnach, dass sich eine Entwicklung hin zur Industrie 4.0 vollziehen wird. Eine Studie des Münchner Kreis Bands hat diesbezüglich ergeben, dass die Datensicherheit im Hinblick auf Industrie 4.0 für Unternehmen den Erfolgsfaktor mit der größten Priorität darstellt. Es lässt sich also schlussfolgern, dass die Entwicklung und Umsetzung erfolgsversprechender IT-Sicherheitskonzepte als „Enabler" für die Umsetzung von Industrie 4.0 zu charakterisieren ist.[12] Eine Darstellung der gesamten Erfolgsfaktoren findet sich in Anhang 1.

2.2 Cybercrime

Das allgegenwärtige Phänomen Cybercrime (dt.: Internetkriminalität) hat seinen Ursprung in der „Hacker-Szene", deren Akteure zu ihrer Zeit weder organisiert waren noch aus wirtschaftlichem Interesse in gesicherte Systeme eindrangen.[13]Es existiert eine Vielzahl an Definitionen für die Begrifflichkeit, die mit der Anzahl an erfolgten Angriffen nahezu identisch ist.[14] Dieser Ausarbeitung liegt die Definition des Bundeskriminalamtes (BKA)zugrunde, die Cybercrime als „Straftaten, die unter Ausnutzung moderner Informations- und Kommunikationstechnik oder gegen diese begangen werden"[15], definiert. Eingeschlossen sind hierbei alle widerrechtlichen Handlungen gegen die Verfügbarkeit, Integrität und Vertraulichkeit(↑ Kap. 2.3) von elektronischen, magnetischen oder sonst nicht unmittelbar wahrnehmbar gespeicherten oder übermittelten Daten.[16]

Im Zuge der Verbreitung des Internets und dem damit verbundenen stetig steigenden Datenvolumen hat sich eine dementsprechend stetig steigende Anzahl an Hackern bzw. Internetkriminalität etabliert.[17] Die Intentionen der kriminellen Gemeinschaft können auf folgende fünf Kernpunkte zusammengeführt werden:

- Abgreifen wirtschaftlich nutzbarer Informationen(bspw. zu Missbrauchszwecken)
- Umleiten monetärer Transaktionen
- Erpressungshandlungen durch Sabotage
- Sabotage durch Datenveränderung oder -manipulation(mit Ziel der Imageschädigung)
- Identitätsdiebstahl[18]

Das BKA hat für das Jahr 2014 eine Gesamtzahl von 49.925 Vorfällen im Bereich Cybercrime registriert und diese den folgenden fünf Kategorien zugeordnet:

---

[12]Vgl. Münchner Kreis e. V. u.a. (2015), S. 15.
[13] Vgl. Malecki (2015), S. 52.
[14] Vgl. Clugh (2015), S. 9.
[15]Bundeskriminalamt (2016).
[16] Vgl. Ebd.
[17] Vgl. Bundeskriminalamt (2015), S. 14.
[18] Vgl. Malecki (2015), S. 52.

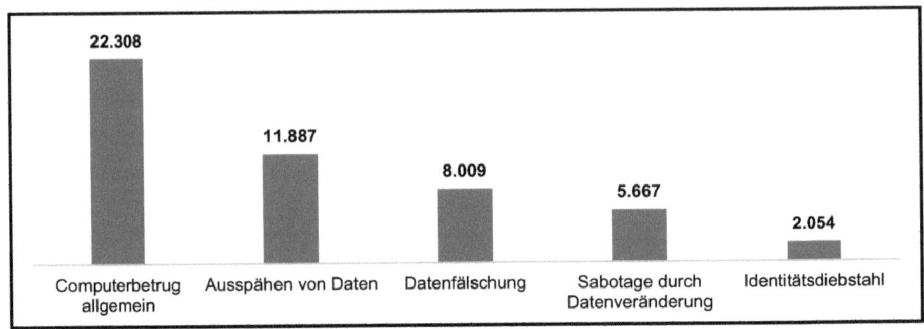

Abbildung 1: Registrierte Cybercrime-Aktivitäten in Deutschland 2014[19]

Hier sei anzumerken, dass Aktivitäten in den Bereichen der Erpressungshandlung oder dem Umleiten monetärer Transaktionen, dem sog. „Phishing", in der polizeilichen Kriminalstatistik nicht dem Themenbereich Cybercrime zugeordnet werden. Des Weiteren fällt in enormem Umfang die Dunkelziffer der Straftaten ins Gewicht, die von einer Dunkelzifferstudie des BKA auf 91% aller Cybercrime-Aktivitäten errechnet wurde.[20] Auf Basis dieser Angaben wird in Deutschland der Gesamtschaden durch Internetkriminalität auf 3,4 Mrd. € kalkuliert.[21]

Die Täter schöpfen bei der Wahl der Instrumente aus einem großen Variantenreichtum. Im betrieblichen Umfeld sind DDoS-Attacken[22] oder das Einschleusen der sog. „Ransomware"[23] zur zielgerichteten Sabotage und Erpressung gängige Methoden. So haben in einer Umfrage der Allianz für Cyber-Sicherheit bspw. ein Drittel der befragten Unternehmen angegeben, innerhalb der letzten drei Jahre Opfer eines DDoS-Angriffs gewesen zu sein. Die Folgen für Unternehmen liegen hierbei vorrangig in Produktions- bzw. Betriebsausfällen, Kosten für Aufklärung und Wiederherstellung, Reputationsschäden und im Diebstahl sensitiver Daten.[24] Die Motive der Täter reichen von der Erlangung von Informationen und Wettbewerbsvorteilen über Rache bis hin zur rein monetären Erpressung. Die Angreifer selbst können grundsätzlich den beiden Typisierungen der Cyber-Kriminellen und Cyber-Aktivisten zugeordnet werden. Cyber-Kriminelle haben die Absicht mittels Erpressung illegal Geld zu verdienen, wohingegen Cyber-Aktivisten politische oder ideologische Ziele verfolgen. Diese reichen von der Veröffentlichung unternehmensinterner Informationen bis hin zu DDoS-Angriffen, um eine Deaktivierung von Systemen hervorzurufen

---

[19] Eigene Abbildung in Anlehnung an: Bundeskriminalamt (2015), S. 4.

[20] Vgl. Bundeskriminalamt (2015), S. 5.

[21] Vgl. Rieckmann/Kraus (2015), S. 300.

[22] Eine DDoS-Attacke (Distributed Denialof Service) ist ein Angriff auf Dienste oder Systeme, mit dem Ziel deren Verfügbarkeit außer Kraft zu setzen. Vgl. Bundesamt für Sicherheit in der Informationstechnik (2015), S. 30.

[23] Ransomware ist eine Schadsoftware, die der digitalen Erpressung dient. Vgl. Bundeskriminalamt (2015), S. 10.

[24] Vgl. Allianz für Cyber-Sicherheit (2015), S. 13ff.

und somit Schaden anzurichten.[25]Eine detaillierte Darstellung aller Angreifer-Typen und deren Motivationen für Angriffe auf Unternehmen und deren Netzwerke findet sich in Anhang 2.

Durch die zunehmend dynamische und unternehmensübergreifende Vernetzung, die mit Industrie 4.0 einhergeht, steigt die Anzahl der Zugriffspunkte und das Risiko eines unautorisierten Zugangs durch Angreifer erhöht sich weiter. Betrachtet man die gegenwärtige Situation hinsichtlich Art und Umfang der Internetkriminalität als Ausgangspunkt, lässt sich das Ausmaß des zukünftigen Bedrohungspotenzials für Unternehmen und ihre Wertschöpfungsketten als horrend einstufen.

2.3 Cybersecurity

Die steigende Anzahl an Spionage- und Sabotageattacken rückt den Bereich der Cybersecurity immer mehr in den Vordergrund und erhöht den Bedarf und die Anforderungen an Cybersecurity. Im Fachjargon findet sich Cybersecurity in den unterschiedlichsten Begriffen wieder: IT-Sicherheit, IT-Security, Informations-, Daten- oder Netzwerksicherheit. Gemeint sind proaktive Maßnahmen zur Erkennung oder Abwehr von Bedrohungen und Vermeidung von Cybercrime-Angriffen. Diese dienen dem Schutz von Informationen und IT-Systemen – also von Hardware, Software und den verwendeten Daten – vor Diebstahl, Beschädigung, Störungen, Manipulation, Spionage oder Missbrauch.[26]Cybersecurity dient damit der Reduzierung von Risiken und wirtschaftlichen Schäden und wird daher in der Praxis auch in Form eines Risikomanagements betrieben.[27]Bei der IT-Sicherheit kann unterschieden werden in:

- physische IT-Sicherheit (physische Maßnahmen zum Schutz vor physischen Gefahren wie Feuer, Wasser, Staub, Korrosion, Einbruch)
- Schutz vor logischen Fehlern (i.S.v. Sicherheitslücken durch Programmierfehler)
- Schutz vor unberechtigtem Datenzugriff (z.B. mithilfe von Virenschutz, Firewall, etc.)
- Schutz vor Nichtverfügbarkeit von Daten(z.B. verursacht durch Systemausfälle)

Geschützt werden sollen jedoch in erster Linie die drei Schutzziele der IT-Sicherheit Verfügbarkeit, Integrität und Vertraulichkeit der Daten, welche durch Cybercrime-Angriffe gefährdet werden können.[28] Die Verfügbarkeit von IT-Systemen ist gegeben durch die Verfügbarkeit aller IT-Komponenten des Systems (z.B. Server, Software und Hardware) und der damit verbundenen Verhinderung von Systemstörungen oder -ausfällen. Der Zugang und die berechtigte Nutzung von Daten sind dann nicht beeinträchtigt. Für operativ oder strategisch wichtige IT-Systeme oder Daten wird bspw. mithilfe von Service Level Agreements ein Verfügbarkeitslevel prozentual festgelegt, um eine definierte Verfügbarkeit zu garantieren und eine Unterschreitung sanktionieren zu können.[29] Integrität der Daten bedeutet die „Gewährleistung, dass die Daten des IT-Systems

---

[25]Vgl. BITKOM e. V./VDMA e. V./ZVEI e. V. (2015), S. 76.
[26] Vgl. Eckert (2014), S. 1; Klipper (2015), S. 5.
[27] Vgl. Klipper (2015), S. 25.
[28] Vgl. Schöning (2015), S. 99.
[29] Vgl. Witt (2006), S. 71f.

nur durch befugte Nutzer verändert werden"[30], d.h. dass Änderungen nachvollziehbar sein müssen und somit eine unerlaubte oder unbemerkte Veränderung der Daten ausgeschlossen ist. Wenn Daten gegen Manipulation sicher sind, wird deren Richtigkeit und Vollständigkeit gewährleistet.[31] Mit Vertraulichkeit ist gemeint, dass Informationen ausschließlich von autorisierten Nutzern gelesen werden dürfen. Vertrauliche Daten werden also keinen unberechtigten Benutzern oder Prozessen offengelegt, was wiederum die Verfügbarkeit der Informationen in gewisser Weise einschränkt.[32]

Um diese drei Dimensionen zu schützen, beschäftigt sich die Informationssicherheit deshalb mit zentralen Fragestellungen wie:

- „mit welcher Strategie man das Thema angeht,
- wie viel Sicherheit wirklich benötigt wird,
- wie man die gewünschte Sicherheit erreichen, überprüfen und aufrechterhalten kann,
- wie man die Sicherheit laufend an die Geschäftserfordernisse anpasst,
- wie man gegenüber Partnern, Kunden, Aufsichtsbehörden und Banken die eigene Sicherheit nachweisen kann,
- ob es einen Return on Security Investment (RoSI) gibt und wie man ihn ggf. erreicht."[33]

Solche Problemstellungen beschäftigen nicht nur Security-Experten, sondern müssen auch auf Managementebene diskutiert und beantwortet werden. Security als Managementaufgabe betrifft Geschäftsführer, Entscheidungsträger und IT-Experten gleichermaßen, obgleich die wirtschaftliche Sichtweise einerseits und das technische IT-Expertenwissen andererseits aufeinandertreffen und ggf. mit Reibungsverlusten zusammengeführt werden müssen.

Das IT-Sicherheitsmanagement definiert und dokumentiert nicht nur Anforderungen und Vorgaben, sondern überprüft diese auch und passt sie neuen Gegebenheiten an.[34] Nachdem die Anforderungen an die IT-Sicherheit mit den entsprechenden Zielen und Prozessen festgelegt wurden, werden auf deren Basis dann im Rahmen eines IT-Sicherheitskonzeptes Techniken für ein Risikomanagement ausgewählt, welche Bedrohungen aufspüren, analysieren, bewerten oder auch beseitigen können.[35]Eine aktuelle Studie des Beratungsunternehmens A.T. Kearney legt jedoch offen, dass „Managementkonzepte für Informationssicherheit trotz hoher strategischer Bedeutung noch in den Kinderschuhen stecken."[36]

Bisher wurde das Thema Sicherheit vor allem im produzierenden Gewerbe hauptsächlich unter dem Gesichtspunkt der Betriebs- und Arbeitssicherheit verstanden und entsprechend organisatorisch aufgehängt. Die Betriebssicherheit, auch als Safety bezeichnet, ist daher klar abzugren-

---

[30]Witt (2006), S. 72.
[31] Vgl. Klipper (2015), S. 12.
[32] Vgl. Ebd.
[33] Kersten/Klett (2015), S. VI.
[34] Vgl. Ebd., S. 1f.
[35]Vgl. Witt (2006), S. 2.
[36]A.T. Kearney GmbH (2015).

zen von der Datensicherheit, der Security, welche in vielen Unternehmen bislang noch unzureichend betrachtet und gesteuert wird.[37] Als weitere begriffliche Abgrenzung lässt sich anfügen, dass unter Safety im Sinne der Betriebssicherheit der Schutz vor unbeabsichtigten Vorfällen bezeichnet wird, bspw. vor Stromausfällen, technischen Fehlern, Defekt, Verschleiß oder Bedienfehlern. So ist Safety als technische Funktions- und Ausfallsicherheit zu verstehen während die Security den Schutz vor beabsichtigten, vorsätzlichen Angriffen gewährleisten soll.[38] In der Praxis ist oft noch unklar, wer für die IT-Security verantwortlich ist, dennoch ist eine klare Zuweisung von Verantwortlichkeiten unerlässlich.[39]

Letztlich ist auch die beste IT-Sicherheit immer zeitabhängig und vergänglich. Sie muss sich fortlaufend an die Entstehung ungekannter Sicherheitslücken und technischer Schwachstellen, an neue Hackerfähigkeiten, Angriffstechniken und -möglichkeiten anpassen.[40] IT-Security entwickelt sich in der Regel als Reaktion auf Entwicklungen in der Cyberkriminalität.

3 Herausforderungen und Lösungsansätze für die IT-Sicherheit

3.1 Horizontale und vertikale Integration

Industrie 4.0 basiert in erster Linie auf einer digitalen Vernetzung horizontaler Wertschöpfungsketten sowie vertikaler Hierarchieebenen. Demzufolge muss eine Verknüpfung der Business-IT, Produktions-IT, Vertriebslogistik und Zulieferindustrie stattfinden, um zu jedem Zeitpunkt eine Verfügbarkeit relevanter Echtzeitinformationen zu gewährleisten.[41]Da die Systeme bisher größtenteils unabhängig voneinander operieren, fehlt es an entsprechenden Schnittstellen für eine systembasierte Verkopplung. Um die erforderliche Durchgängigkeit unterschiedlichster IT-Lösungen zu realisieren, bedarf es dementsprechend auf vertikaler Ebene einer Verknüpfung der hochauflösenden ERP-Systeme auf Steuerungsebene bis hin zur rudimentären Maschinensteuerung.[42]Auf horizontaler Ebene ist hingegen unter Einsatz von Cloud-Computing[43]die systemische Konnektivität unterschiedlichster Wertschöpfungspartner zu gewährleisten.[44]Aus der Gesamtheit an Vernetzungsgeflechten resultieren neue Angriffsflächen für kriminelle Machenschaften, die dementsprechend erhöhte Anforderungen an IT-Sicherheitsmaßnahmen mit sich ziehen.[45]

---

[37]Vgl. Schöning (2015), S. 100.
[38] Vgl. Witt (2006), S. 67f.
[39]Vgl. Kersten/Klett (2015), S. 2.
[40] Vgl. Ebd., S. 6.
[41] Vgl. Schöning (2015), S.102.
[42] Vgl. Bartmann (2014), S. 9.
[43]Cloud Computing beinhaltet Technologien, um IT-Ressourcen dynamisch zur Verfügung zu stellen. Anstatt IT-Ressourcen, bspw. Server oder Anwendungen, in unternehmenseigenen Rechenzentren zu betreiben, sind diese bedarfsorientiert und flexibel über das Internet oder ein Intranet verfügbar. Vgl. Gabler Wirtschaftslexikon (2016).
[44] Vgl. Schöning (2015) S. 98.
[45] Vgl. Beyerer u. a. (2015), S. 12.

Als initiale Handlungsmaßnahme gilt es für Unternehmen eine Priorisierung der internen Assets[46] festzulegen. Diese Assets müssen mit den höchsten Sicherheitsmaßnahmen ausgestattet und nach Möglichkeit nicht über Unternehmensgrenzen hinweg publiziert werden. Als weitere Maßnahme muss eine frühzeitige Reduktion der generierten Daten auf den tatsächlich benötigten Detaillierungsgrad stattfinden. Für jede Schnittstelle sind dementsprechend die notwendigen Daten festzulegen, um somit die Verfügbarkeit erfolgskritischer Informationen für Cyber-Attacken zu minimieren. Des Weiteren wird im Sinne der erforderlichen Durchgängigkeit über alle gekoppelten IT-Lösungen hinweg eine „Ende-zu-Ende-Verschlüsselung" der Datensätze verlangt. Hierliegt die Herausforderung in der einfachen Verschlüsselung von Daten am Ort ihrer Entstehung, die über eine geschlossene Datenverbindung entlang der gesamten Informations- und Kommunikationsstrecke bis zum Ende aufrecht erhalten werden muss.[47] Die erfolgreiche Abwicklung basiert auf der Schaffung sicherer Identitäten, also einer eindeutigen Identifizierung von allen Beteiligten, die entlang der gesamten Wertschöpfungskette verschlüsselt kommunizieren.[48] Diese Identifizierung gewährleistet über eine Berechtigungsvergabe für die Datenbearbeitung, dass über Unternehmensgrenzen hinweg eine exakte Zuordnung bzw. Authentifizierung von Bedienern, Maschinen und Softwaresystemen hinsichtlich der Veränderung von Datenstrukturen nachvollzogen werden kann.[49] Fachsprachlich wird dieser Aspekt unter dem Stichwort Authentizität verstanden, welcher in der Industrie 4.0 zusätzlich zu Verfügbarkeit, Integrität und Vertraulichkeit ein weiteres Schutzzieldarstellt.[50]

Die horizontale Integration bedingt die Freigabe interner Daten, deren Sicherheit nun nicht mehr ausschließlich intern kontrolliert und gewährleistet werden kann, sodass sich auf das Sicherheitsmanagement der Vertragspartner verlassen werden muss.[51] Eine Gewährleistung adäquater Sicherheitsstrukturen bei allen Partnern entlang der Supply Chain ist schwer realisierbar. Demzufolge ist es im Interesse der Unternehmen auf gesetzliche Richtlinien, Zertifizierungen oder standardisierte Sicherheitsnormen zurückzugreifen.

Bedingt durch das erhebliche Datenaufkommen auf Basis cloudbasierter Vernetzung im Rahmen von Industrie 4.0 wird hier dem Datenschutzrecht eine hohe Bedeutung zugemessen. Das Bundesdatenschutzgesetz (BDSG) verlangt die Überprüfung technischer sowie organisatorischer Maßnahmen im Bereich der Auftragsdatenverarbeitung, die die datenschutzrechtliche Grundlage des Cloud Computing darstellt.[52] Diese Überprüfung wird mittels Datenschutz-Zertifizierungen durchgeführt, die auf einem 2013 etablierten Prüfungsstandard basieren. Der bisherige Erfolg dieses Vorgehens zeigt, dass eine Verknüpfung rechtlicher Vorgaben an Zertifi-

---

[46] „An asset is an item of economic value that is expected to yield a benefit to the owning entity in future periods." AccountingTools (2016).
[47] Vgl. Reflex Verlag GmbH (2015), S. 9.
[48] Vgl. Reflex Verlag GmbH (2015), S. 8.
[49] Vgl. Bartmann (2014), S. 8f.
[50] Vgl. BITKOM e. V./VDMA e. V./ZVEI e. V. (2015), S. 79.
[51] Vgl. Schöning (2015), S. 99.
[52] Vgl. Bundesministerium für Wirtschaft und Energie (2016), S. 220.

kate deren Positionierung verstärken kann. Demzufolge hat sich auch das Bundesamt für Sicherheit in der Informationstechnik (BSI) der Zertifizierungsvergabe als Kernaktivität verschrieben.[53]Des Weiteren wurde just vor einem Jahr auf nationaler Ebene ein neues IT-Sicherheitsgesetz in Kraft gesetzt, welches das Ziel der „signifikanten Verbesserung der Sicherheit informationstechnischer Systeme" verfolgt.[54] Im Speziellen dient es durch die Stärkung des BSI einer verbesserten IT-Sicherheit bei Unternehmen. Laut einer Studie, die im Auftrag des Bundesministeriums für Wirtschaft und Energie durchgeführt wurde, kann das Gesetz zwar im Bereich der Grundlagen der IT-Sicherheit wirken, es enthält in Bezug auf Industrie 4.0 jedoch keine konkreten Regulationen und Ansatzpunkte, sodass diesbezüglich noch weiterer Forschungsbedarf besteht.[55]

Aufgrund des bislang unzureichenden Wirkungsgrades gesetzlicher Regulationen muss mittels zusätzlicher Instrumente eine erfolgreiche Umsetzung bestimmter IT-Sicherheitsmaßnahmen entlang der horizontalen und vertikalen Vernetzung gewährleistet werden. Ein Ansatz liegt hier im aktiven Einsatz von alternativen Zertifizierungen, welche IT-Sicherheit in zweifacher Weise fördern: Zum einen wird innerhalb horizontaler Wertschöpfungsketten ein Vertrauen hinsichtlich der Einhaltung und Umsetzung von Sicherheitsmaßnahmen geschaffen und anderseits können Zertifizierungen im Sinne einer Qualitätsbewertung für Unternehmen Anreize schaffen, als Partner auf dem Markt attraktiv zu bleiben bzw. zu werden.[56] Zertifikate im Bereich der IT-Sicherheit werden bisher vorrangig über TÜV-Gesellschaften oder andere Prüfunternehmen ausgestellt, die in den meisten Fällen nach den ISO-Standards der 27000er Reihe oder der IEC-Norm 62443 bewerten.[57]

Großes Potenzial in der Umsetzung technischer Anforderungen liegt demzufolge in der Formulierung von Sicherheitsnormen. So hat sich bereits eine Vielzahl an nationalen und internationalen Standardisierungseinrichtungen mit der Thematik auseinandergesetzt und Sicherheitsnormen etabliert. Hervorzuheben ist hier ebenfalls das BSI, welches mittels Standards diverse technische Richtlinien sowie den sicheren Betrieb von Zertifizierungsinstanzen nachhält.[58] Im Hinblick auf internationale Wertschöpfungsketten wirkt u. a. die genannte internationale Norm IEC 62443 „IT-Sicherheit für industrielle Leitsysteme – Netz- und Systemschutz", mit deren Hilfe ein Vorgehensmodell geschaffen wird, welches die Security-Fähigkeiten einzelner Komponenten entlang der Wertschöpfungskette entsprechend bestimmter Erfordernisse bewertet und somit potenzielle Schwachstellen aufdecken kann. Für die Durchführung müssen seitens der Teilnehmer alle notwendigen Informationen zur Verfügung gestellt werden.[59] Über ISO-Standards können des Weiteren organisatorische Aspekte wie das Identitätsmanagement, Verschlüsselungen

---

[53] Vgl. Ebd.
[54] Deutscher Bundestag (2015), S. 19.
[55] Vgl. Bundesministerium für Wirtschaft und Energie (2016), S. 205.
[56] Vgl. Ebd.
[57] Vgl. BITKOM e.V./VDMA e. V./ZVEI e. V. (2015), S. 65.
[58]Vgl. Bundesministerium für Wirtschaft und Energie (2016), S. 46.
[59] Vgl. BITKOM e. V./VDMA e. V./ZVEI e. V. (2015), S. 84.

oder das Erkennen von Eindringlingen geregelt werden.[60] Bei der Ausgestaltung der Standards und Zertifizierungen ist darauf zu achten, dass diese insbesondere auch von KMU mit verhältnismäßigem Aufwand realisierbar sind und überprüfbar bleiben. Die Missachtung der Fähigkeiten von kleinen Unternehmen führt ansonsten zu deren Ausschluss aus der Entwicklung hin zur Industrie 4.0.[61] Standardisierte Ansätze dienen KMU zusätzlich als Leitfaden, um die internen Prozesse hinsichtlich der Sicherheitsanforderungen auszubauen.[62]

Der Einsatz von Zertifizierungen sowie die Umsetzung von Standards wirken sich zusammenfassend positiv auf die Verflechtungsbeziehungen innerhalb der vertikalen und horizontalen Vernetzung von Unternehmen aus. Durch die Überprüfung der Zertifizierung durch Dritte (TÜV, etc.) ist ein fokales Unternehmen dementsprechend entlastet und die Bereitschaft, innerbetriebliche Datensätze über Unternehmensgrenzen hinweg auszutauschen, steigt.

3.2 Vernetzte Produktionstechnik

Die Vernetzung der Produktionstechnik bringt zahlreiche Herausforderungen mit sich. Bisher waren Produktionsanlagen aus informationstechnischer Sicht voneinander getrennte Inseln, die nun zur Realisierung der Industrie 4.0 virtuell vernetzt werden. Die Integration verschiedener Systeme bedingt oft die Zusammenführung teils inkompatibler Sicherheitsvorgaben, sodass die Sicherheit des integrierten Gesamtsystems sinkt.[63] Die Gewährleistung der IT-Sicherheit im vernetzten Maschinenpark ist in der Praxis oft mit Schwierigkeiten verbunden. Besonders die lange Lebensdauer von Produktionsanlagen, die nicht selten mehrere Jahrzehnte beträgt, ist mit den vergleichsweise kürzeren Lebenszyklen von IT-Anwendungen schwer in Einklang zu bringen.[64] Alten Maschinen fehlt es an ausreichender Speicherkapazität und Rechnerfähigkeit für die Einspielung neuer Sicherheitssoftware oder -updates, die für die Erfüllung der Echtzeitanforderungen der Industrie 4.0 benötigt werden.[65] Die nachträgliche Aufrüstung der Anlagen auf die neuesten Standards und Sicherheitsvorkehrungen kann, wenn überhaupt möglich, oft nur aufwendig, kostspielig und u. U. auch weniger sicher erfolgen.[66] Selbst bei neuen Maschinen ist die häufige Einspielung der aktuellsten Sicherheitsupdates kritisch, da die Produktionsstabilität im verarbeitenden Gewerbe oberste Priorität hat und Eingriffe in die IT mit Unterbrechungen und der Gefahr von längeren Produktionsstillständen oder -störungen verbunden sind.[67]

Die Angreifbarkeit der vernetzten Produktionstechnik machen sich Hacker zunutze, indem sie sensible Produktionsdaten oder Unternehmensgeheimnisse ausspähen oder über Manipulation der Produktionssteuerung die Fertigung gezielt sabotieren oder zum Stillstand bringen. So wurde in 2014 durch das BSI ein Vorfall veröffentlicht, bei dem Angreifer die Steuerungskomponen-

---

[60] Vgl. Bundesministerium für Wirtschaft und Energie (2016), S. 46.
[61] Vgl. Ebd., S. 198.
[62] Vgl. Schöning (2015), S. 104.
[63] Vgl. Beyerer u. a. (2014), S. 11.
[64] Vgl. Reflex Verlag GmbH (2015), S. 6.
[65] Vgl. Schöning (2015), S. 101.
[66] Vgl. Reflex Verlag GmbH (2015), S. 6.
[67] Vgl. Schöning (2015), S. 101.

ten eines Hochofens in einem Stahlwerk angriffen, was in deren Ausfall und massiven Beschädigungen der Anlage resultierte. Des Weiteren wurden Produktionsnetze mehrerer deutscher Unternehmen mit dem Schadprogramm Havex angegriffen, um Daten für künftige Attacken zu sammeln.[68] Im schlimmsten Fall führt Produktionssabotage zu unbemerkten Produktveränderungen mit negativen Auswirkungen auf Kunden und Unternehmensimage. Sichere, nur autorisierten Benutzern zugängliche Produktionssysteme sind für die Industrie 4.0 also eine unabdingbare Voraussetzung.[69]

Ein erfolgsversprechender Lösungsansatz hierfür ist „Security by Design". Dabei handelt es sich um das Prinzip, IT-Sicherheitsanforderungen ganzheitlich von Beginn der Entwicklungsphase an und über den gesamten Lebenszyklus eines Systems oder Produktes hinweg zu berücksichtigen.[70] Diese frühzeitige Berücksichtigung von Sicherheitsmaßnahmen macht Cybersecurity zu einem integralen Bestandteil in der Konzeptionsphase von Systemen, um Schwachstellen schon im Vorfeld zu verhindern.[71] Zu den Sicherheitsmerkmalen, die von Anfang an in die Software-, Prozess- oder Produktentwicklung mit einbezogen werden müssen, gehören die Authentifizierung von Mitarbeitern und Geräten für sicheren Daten- und Funktionszugriff, die Verschlüsselung und sichere Speicherung von Daten sowie Integritätsmechanismen.[72] Zur Umsetzung von „Security by Design" und Integration von Sicherheitsanforderungen müssen bestehende Entwicklungsprozesse also erweitert werden. Dies erfordert Bedrohungs- und Risikoanalysen, die die späteren Anwendungsfälle des entwickelten Systems oder Produktes berücksichtigen.[73]

Da die komplette Lebensdauer von Fertigungsanlagen und Produkten sicherheitstechnisch abgedeckt werden soll, müssen Sicherheitsprofile dynamisch anpassbar sowie schnell und ohne unterbrochene Sicherheit konfigurierbar sein.[74] So kann die vernetzte Produktion auch künftig reibungslos auf den aktuellsten Stand der IT-Sicherheit gebracht werden.[75] Im laufenden Betrieb mit alten Maschinen kann der „Security by Design"-Ansatz hilfreich sein, anhand der Ist-Situation Soll-Zustände mit entsprechenden Handlungsempfehlungen abzuleiten. Denn bisher ist die IT-Sicherheit noch stark von herstellerspezifischen Insellösungen geprägt, die nur punktuelle Schutzmaßnahmen beinhalten.[76]Die konsequente Implementierung von „Security by Design" kann einen wichtigen Standortvorteil für Deutschland bedeuten, weshalb das Bundesministerium für Bildung und Forschung die Verbreitung und Erforschung von IT-Sicherheit und konkret von „Security by Design" seit 2011 fördert.[77]

---

[68]Vgl. Bundesamt für Sicherheit in der Informationstechnik (2014), S. 31f.
[69]Vgl. Reflex Verlag GmbH (2015), S. 5.
[70]Vgl. Beyerer u. a. (2014), S. 11; Schöning (2015), S. 102.
[71]Vgl. Diemer (2014), S. 386.
[72]Vgl. BITKOM e. V./VDMA e. V./ZVEI e. V. (2015), S. 81; Reflex Verlag GmbH (2015), S. 6.
[73]Vgl. BITKOM e. V./VDMA e. V./ZVEI e. V. (2015), S. 81.
[74]Vgl. Ebd., S. 82.
[75]Vgl. Schöning (2015), S. 102.
[76]Vgl. Schöning (2015), S. 102.
[77]Vgl. Reflex Verlag GmbH (2015), S. 6.

Eine weitere Gefahr, die sich im produktionstechnischen Umfeld ergibt, sind gefälschte oder nachgemachte Produkte. Die intelligenten Werkstücke steuern die Produktion durch Kommunikation mit Maschinen und Transportmitteln, bspw. über angebrachte Transponder.[78] Da hierfür sensible Produktions- und Produktdaten zunehmend in der Firmware der smarten Produkte eingebettet sind, besteht für diese Werkstücke und Erzeugnisse ganz besonders die Gefahr des Datenklaus und des Nachbaus.[79] Wird ein Produkt in der Fertigung bewusst und unbemerkt gegen ein gefälschtes ausgetauscht, kann dies den vernetzten Produktionsprozess im schlimmsten Fall zum Erliegen bringen.[80] Diese Form der Produktpiraterie lässt beträchtliche wirtschaftliche Schäden entstehen, welche durch adaptierte technische Schutzmaßnahmen und die Gestaltung piraterieresistenter eingebetteter Systeme abgewehrt werden können.[81] Zusätzlich zu Personen müssen daher auch Maschinen, Systeme und Produkte eine sichere, digitale Identität bekommen, also jeweils eindeutig identifiziert werden können.[82] Für die erfolgreiche Umsetzung der Industrie 4.0 ist somit ein „Identitätsmanagement für Personen, Prozesse und Objekte"[83] erforderlich. Produkte müssen sich für eine sichere Kommunikation im dynamisch vernetzten Fertigungsumfeld gegenüber Produktionsanlagen ausweisen können. Ebenso ist eine sichere und zuverlässige Maschine-zu-Maschine Kommunikation mit vertrauenswürdigen, überprüfbaren Identitäten eine noch zu bewältigende Herausforderung im Rahmen der Forschung für die IT-Produktionssicherheit der Industrie 4.0.[84]

3.3 Faktor „Mensch"

Bei allen technischen Lösungen und Sicherheitsmaßnahmen darf der „Risikofaktor Mensch"[85] nicht außer Acht gelassen werden. Wie in Abbildung 2 ersichtlich liegen in 2014 nach Einstufung des BSI menschliches Fehlverhalten (ohne böse Absicht) und Sabotage (mit böser Absicht) auf Platz 4 der Top 10 Bedrohungen für Produktionssysteme, sogar mittlerweile einen Platz höher im Vergleich zu 2012. Während Sabotage kriminell motiviert ist, wird mit Fehlverhalten der fahrlässige Umgang mit Informationen aus „Leichtsinn, Unachtsamkeit, Unkenntnis über die Implikationen des eigenen Verhaltens"[86], mangelndem Bewusstsein oder aus Bequemlichkeit gemeint[87]. Auch die Ergebnisse der <kes>/Microsoft-Sicherheitsstudie 2014 in Anhang 3 zeigen, dass fehlendes Bewusstsein für Informationssicherheit bei den Mitarbeitern das am häufigsten genannte Hindernis für eine bessere IT-Sicherheit ist. Nach aktuellen Schätzungen entstehen 60-85% der Schäden in Unternehmen durch die eigenen Mitarbeiter und Fremdpersonal.[88] Mit-

---

[78]Vgl. Ebd.
[79]Vgl. Fallenbeck/Eckert (2014), S. 419.
[80]Vgl. Reflex Verlag GmbH (2015), S. 6.
[81]Vgl. Fallenbeck/Eckert (2014), S. 419.
[82]Vgl. Reflex Verlag GmbH (2015), S. 6; Beyerer u. a. (2014), S. 13.
[83]Reflex Verlag GmbH (2015), S. 6
[84]Vgl. Beyerer u. a. (2014), S. 13.
[85]Reflex Verlag GmbH (2015), S. 8
[86]Kersten/Klett (2015), S. 173.
[87]Vgl. Fallenbeck/Eckert (2014), S. 403; Schöning (2015), S. 103.
[88]Vgl. Kersten/Klett (2015), S. 173.

arbeitern ist ihre Eigenverantwortung für die Informationssicherheit oft zu wenig bewusst, was bspw. die Festlegung und Geheimhaltung von Passwörtern oder Zugang und Verwendung von Firmen-PCs und Internetzugängen anbelangt.[89] So rückt das Einschleusen von Schadsoftware über USB-Sticks und andere externe Hardware von Platz 6 in 2012 auf Platz 2 in 2014.

Nr. (Nr. alt)	Top 10 2014	Top 10 2012
1 (2)(3)	Infektion mit Schadsoftware über Internet und Intranet	Unberechtigte Nutzung von Fernwartungszugängen
2 (6)	Einschleusen von Schadsoftware über Wechseldatenträger und externe Hardware	Online-Angriffe über Office- /Enterprise-Netze
3 (-)	Social Engineering†	Angriffe auf eingesetzte Standardkomponenten im ICS-Netz
4 (5)	Menschliches Fehlverhalten und Sabotage	(D)DoS Angriffe
5 (1)	Einbruch über Fernwartungszugänge	Menschliches Fehlverhalten und Sabotage
6 (-)	Internet-verbundene Steuerungskomponenten†	Einschleusen von Schadcode über Wechseldatenträger und externe Hardware
7 (10)	Technisches Fehlverhalten und höhere Gewalt	Lesen und Schreiben von Nachrichten im ICS-Netz‡
8 (-)	Kompromittierung von Smartphones im Produktionsumfeld†	Unberechtigter Zugriff auf Ressourcen‡
9 (-)	Kompromittierung von Extranet und Cloud-Komponenten†	Angriffe auf Netzwerkkomponenten‡
10 (4)	(D)DoS Angriffe	Technisches Fehlverhalten und höhere Gewalt

Legende: †NEU – ‡ENTFALLEN (weil Folgeangriff)
Quelle: BSI (2014): Industrial Control System Security – Top 10 Bedrohungen und Gegenmaßnahmen v1.1, Seite 2)

Abbildung 2: Die wichtigsten Bedrohungen für Systeme zur Fertigungs- und Prozessautomatisierung[90]

Eine direkt auf Platz 3 neu in die Liste aufgenommene Gefahr stellt das sog. Social Engineering dar. Dabei machen sich Angreifer die „Schwachstelle Mensch"[91] gezielt zunutze, um sich unberechtigten Zugang zu Informationen oder Systemen zu verschaffen.[92] Menschliche Schwächen wie „Vertrauen, Neugier, Respekt vor Autorität, Zugehörigkeitsgefühl oder Hilfsbereitschaft"[93] werden von Angreifern vorsätzlich missbraucht, um Mitarbeiter zu nachlässigen, unbedachten Handlungen zu verleiten, bspw. zur Umgehung von Schutzmechanismen, zur Preisgabe vertraulicher Daten oder Passwörter oder damit diese ahnungslos selbst Schadprogramme installieren.[94] Meist handeln die Opfer unwissend, in Stresssituationen, aus Höflichkeit oder durch Anreize wie einen vorgetäuschten Nutzen oder versprochenen Komfort.[95] Telefonanrufe, Phishing-Mails oder der persönliche Kontakt dienen als Wege, sich Mitarbeiter zum Werkzeug zu machen. Für Cyber-Kriminelle ist es deutlich einfacher, den Menschen als schwächstes Glied in der Kette anzugreifen, als aufwendig komplexe Sicherheitstechniken zu durchdringen. So lange Mitarbeiter unbedarft sensitive Informationen weitergeben oder verlockende Links in E-Mail anklicken, ist Social Engineering sehr erfolgreich und eine weiterhin beliebte Methode für Cybercri-

---

[89]Vgl. Ebd., S. 178.
[90] Abbildung entnommen aus: Bundesministerium für Wirtschaft und Energie (2016), S. 90.
[91]Bundesamt für Sicherheit in der Informationstechnik (2015), S. 24.
[92]Vgl. Bundesministerium für Wirtschaft und Energie (2016), S. 91.
[93]Bundesamt für Sicherheit in der Informationstechnik (2015), S. 24.
[94]Vgl. Bundesministerium für Wirtschaft und Energie (2016), S. 91; Bundesamt für Sicherheit in der Informationstechnik (2015), S. 24.
[95]Vgl. Bundesamt für Sicherheit in der Informationstechnik (2014), S. 12.

me.[96] Selbst das beste Sicherheitskonzept mit hohen technischen Absicherungsmaßnahmen gewährleistet keinen umfassenden Schutz, wenn es sich durch den Menschen umgehen lässt und Mitarbeiter nicht ausreichend für den sicheren Umgang mit Soft- und Hardware geschult sind.[97]Daher sind regelmäßige multidisziplinäre Schulungs- und Sensibilisierungsmaßnahmen der Mitarbeiter unverzichtbar und müssen weiter vorangetrieben werden, um sie gegen Social Engineering zu wappnen.[98] Der Mitarbeiter in der Industrie 4.0 kommuniziert und operiert flexibel zwischen den digitalen Schnittstellen, weshalb ein fundiertes Verständnis für IT-Prozesse und -Sicherheit unerlässlich ist.[99] Die rasant wachsenden Anforderungen an den Mitarbeiter mit den entsprechenden Qualifizierungsbedarfen erfordern eine regelmäßige Weiterbildung in Bezug auf IT-Sicherheit und eine gewissenhafte Personalauswahl.[100] Awareness-Schulungen schaffen das nötige Problem- und Sicherheitsbewusstsein sowie ein verbessertes Verständnis für die Notwendigkeit von Security-Maßnahmen und deren Umsetzung.[101] Sie bringen Produktions- und IT-Wissen zusammen, um ein für Industrie 4.0 angemessenes Sicherheitsniveau zu vermitteln.[102]

Die <kes>/Microsoft-Sicherheitsstudie 2014 zeigt, dass im Hinblick auf den Kenntnisstand zur IT-Sicherheit vor allem beim Top- und mittleren Management sowie bei Mitarbeitern in weniger sensitiven Bereichen großer Nachholbedarf besteht. Fast 50% der externen/freien Mitarbeiter werden gar nicht geschult und ebenfalls nur 40% der unternehmenseigenen Benutzer erhalten regelmäßig Schulungen.[103] Auch die Cyber-Sicherheitsumfrage 2015 des BSI ergab, dass nur 50% der befragten Unternehmen regelmäßig Vorkehrungen zur Sensibilisierung der Mitarbeiter treffen – es fehlt in großen Teilen auf allen Hierarchieebenen an Bewusstsein. Angesichts des hohen Gefahrenrisikos durch Social Engineering herrscht hier dringender Handlungsbedarf. Denn je ausgeprägter das digitale Wissen und das Verständnis über alle Hierarchieebenen hinweg vorhanden ist, desto besser können Risiken, die durch menschliches Fehlverhalten hervorgerufen werden, und die Sabotage durch Ausnutzung menschlicher Schwächen verhindert werden.[104]

Schlüssel zum Erfolg sind neben Schulungen auch Systeme mit einer „sicherheitsbewusste[n] Benutzerführung"[105]. Die zunehmende Komplexität von Systemen und Netzwerken im Kontext der Interaktion von Mensch und Maschine erfordert neue Lösungen für eine nutzerfreundliche und einfach bedienbare IT-Sicherheit, gerade wenn Anwender noch wenig oder gar keine IT-Expertise besitzen und im Umfeld von Industrie 4.0 mit Anlagen und Systemen sicher interagie-

---

[96] Vgl. Bundesamt für Sicherheit in der Informationstechnik (2015), S. 25; Kersten/Klett (2015), S. 173.
[97]Vgl. Reflex Verlag GmbH (2015), S. 8.
[98]Vgl. Bundesamt für Sicherheit in der Informationstechnik (2015), S. 25; Bundesministerium für Wirtschaft und Energie (2016), S. 98.
[99]Vgl. Soder u.a. (2016), S. 43.
[100]Vgl. Bundesministerium für Wirtschaft und Energie (2016), S. 196f.
[101]Vgl. BITKOM e. V./VDMA e. V./ZVEI e. V. (2015), S. 84.
[102]Vgl. Bundesministerium für Wirtschaft und Energie (2016), S. 197.
[103]Vgl. <kes> Die Zeitschrift für Informations-Sicherheit (2014), 13f.
[104]Vgl. Bundesamt für Sicherheit in der Informationstechnik (2015), S. 25; Kersten/Klett (2015), S. 173.
[105]Schöning (2015), S. 103.

ren sollen.[106] Die meisten sind keine Sicherheitsexperten, sondern haben primär andere Aufgaben.[107]Trotz Sensibilisierung scheitert die Umsetzung verfügbarer Lösungen in der Praxis häufig an den nicht erfüllten Anforderungen der Anwender nach „Komfort, Intuitivität und Bedienbarkeit"[108]. Einen weiteren ergänzenden Lösungsansatz stellt in diesem Zusammenhang die Entwicklung geeigneter Assistenzsysteme dar, die dem Mitarbeiter nach Bedarf zusätzliche Informationen zur Verfügung stellen.[109] Ebenso müssen User-Guidelines von Herstellern oder IT-Sicherheitsverantwortlichen zur Verfügung gestellt und in Prozesse integriert werden, um den sicheren Umgang mit Passwörtern, Daten und Datenträgern zu gewährleisten.[110]

Nicht zuletzt ist die umsichtige Vergabe von Zugriffsrechten auf Daten und Funktionen, bei der jeder Nutzer nur die tatsächlich benötigten Rechte erhält, eine Grundvoraussetzung zur Sicherung eines verantwortungsvollen Umgangs auf Seiten der Mitarbeiter.[111] So können auch alle Benutzeraktionen durchgängig nachvollzogen und den jeweiligen sicheren Identitäten der Mitarbeiter zugeordnet werden.[112] Der Schutz dieser elektronischen Identitäten inkl. der entsprechenden Zugangsdaten ist essentiell, was leider auch die steigende Zahl der Identitätsdiebstähle verdeutlicht.[113]

3.4 Organisatorische Einbindung

Wie in Anhang 3 ersichtlich stellt auch das fehlende Bewusstsein und die Unterstützung aus den oberen und mittleren Hierarchieebenen bei 53% der befragten Unternehmen ein Hindernis für bessere IT-Sicherheit dar. Cybersecurity kann nur durch Interesse, Mitwirkung und Unterstützung der Geschäftsleitung erreicht werden, indem sie die Priorität der Informationssicherheit erkennt und entsprechend Kompetenzen und Ressourcen zur Verfügung stellt und fördert.[114] Um das Thema IT-Sicherheit im Unternehmen zu etablieren, ist die Security Governance eine wichtige operative Voraussetzung: Verantwortlichkeiten für ein Security Management müssen geschaffen werden, dessen Funktionen und Prozesse die Bereitstellung von Infrastrukturen und qualifiziertem Personal erfordern.[115] Dieses Management von Informationssicherheit definiert Ziele, veranstaltet Schulungen, betreibt aktives Risikomanagement, setzt Schutzmechanismen um und arbeitet am kontinuierlichen Verbesserungsprozess.[116]

Zur organisatorischen Umsetzung der IT-Sicherheit gehört auch die Einrichtung eines Security Operation Centers, welches Angriffe und Schadsoftware schnell erkennt und Gegenmaßnahmen

---

[106]Vgl. Beyerer u. a. (2014), S. 13.
[107]Vgl. Malecki (2015), S. 53.
[108]Bundesamt für Sicherheit in der Informationstechnik (2014), S. 12.
[109]Vgl. Bundesministerium für Wirtschaft und Energie (2016), S. 198.
[110]Vgl. BITKOM e. V./VDMA e. V./ZVEI e. V. (2015), S. 83.
[111]Vgl. Ebd., S. 87.
[112]Vgl. Diemer (2014), S. 386.
[113]Vgl. Reflex Verlag GmbH (2015), S. 9.
[114]Vgl. Kersten/Klett (2015), S. 50.
[115]Vgl. BITKOM e. V./VDMA e. V./ZVEI e. V. (2015), S. 84; Reflex Verlag GmbH (2015), S. 9.
[116]Vgl. Diemer (2014), S. 386.

einleitet, um die Wettbewerbsfähigkeit des Unternehmens zu sichern.[117]Hierbei besteht die wesentliche Herausforderung darin, Cyber-Attacken überhaupt als solche zu identifizieren. Da es sich in vielen Fällen um ein einfaches Kopieren von Datensätzen handeln, wird dementsprechend keine Veränderung in den Datenstrukturen vorgenommen, sodass der Angriff unbemerkt bleiben kann. Diesbezüglich ist die Integration effizienter und schneller Anomalieerkennung in die Sicherheitssoftware erfolgsentscheidend, um somit cyberkriminelle Aktivitäten sichtbar machen.[118]

In der Produktion werden zusätzlich Spezialisten als (IT-)Sicherheitsbeauftragte gebraucht, sog. Industrial Control Systems Security Experts, welche Produktions- und IT-Welt verstehen und ihr Wissen an die relevanten Mitarbeiter weitergeben.[119] Nur wenn die Experten im Unternehmen die Art der Bedrohung verstehen, kann ein Vorsprung vor den Angreifern erreicht werden.[120] Wie die Ergebnisse der <kes>/Microsoft-Sicherheitsstudie 2014 in Anhang 3 zeigen, fehlen in der Praxis jedoch häufig verfügbare und kompetente Mitarbeiter (bei 45% der Unternehmen). Deshalb wünscht sich der Bundesverband IT-Sicherheit e.V. eine stärkere Integration von Cybersecurity in der Industrie 4.0 in die Ausbildung von Ingenieuren.[121]

In diesem Zusammenhang sei gesondert auf KMU verwiesen, welche bezüglich des wachsenden Risiko- und Schadenspotenzials durch Cybercrime vor einer großen Herausforderung stehen, sich jedoch üblicherweise keine eigenen IT-Sicherheitsexperten und -technologien leisten können.[122] Gerade für den Mittelstand ist es schwierig und auch nicht sinnvoll, alle für die komplexe IT-Sicherheit der Industrie 4.0 erforderlichen Spezialkompetenzen und umfangreiches Know-How selbst aufzubauen. Daher ist es empfehlenswert und wirtschaftlich attraktiv, in bestimmten Bereichen auf Dienstleister zurückzugreifen bzw. IT-Sicherheit an externe Firmen auszulagern.[123] Um diese sog. Managed Security Services (MSS) in Anspruch nehmen zu können, muss im Vorfeld ein entsprechendes Sicherheitskonzept erarbeitet werden, welches bspw. geschäftskritische Daten festlegt oder Angriffsarten, gegen die das Unternehmen geschützt werden will.[124] „MSS erlauben einen bedarfsorientierten und skalierbaren Abruf topaktuellen Knowhows, von Experten-Support für eine zeitnahe Problemlösung und den Einsatz innovativer Technologien, während die Kontrolle über die interne IT-Security im Unternehmen bleibt"[125]– diese Beschreibung macht deutlich, warum immer mehr KMU die MSS verstärkt nutzen. Sie verweist aber auch auf die interne IT-Security, für welche Mittelständler dennoch eine eigene Strategie entwickeln müssen, um auf allen Ebenen für die neuen Herausforderungen der Indust-

---

[117]Vgl. Reflex Verlag GmbH (2015), S. 9.
[118] Vgl. BITKOM e. V./VDMA e. V./ZVEI e. V. (2015), S. 79.
[119]Vgl. Schöning (2015), 104f.
[120]Vgl. Reflex Verlag GmbH (2015), S. 6.
[121] Vgl. Ebd.
[122]Vgl. Soder u. a. (2016), S. 36.
[123]Vgl. Bundesministerium für Wirtschaft und Energie (2016), S. 198.
[124]Vgl. Soder u. a. (2016), S. 36.
[125]Hülsbömer (2015).

rie 4.0 vorbereitet zu sein. Erfahrungsberichte anderer Unternehmen, Best-Practice-Beispiele und Handlungsleitfäden können hierbei behilflich sein.[126]

4 Fazit und Ausblick

Im Hinblick auf die genannten Herausforderungen wird deutlich, dass die Unternehmen der Industrie 4.0 sich frühzeitig über Cybersecurity zur sicheren, vernetzten Kommunikation und Abwehr potenzieller Angriffe Gedanken machen müssen – vom Sensor an der Produktionsanlage bis zur Office-IT und über Unternehmensgrenzen hinweg.[127] Aufgrund der engen Verzahnung mit Lieferanten und Kunden werden insbesondere die Schnittstellen zum Angriffspunkt. Hier verschwimmen die Grenzen der Verantwortlichkeit. Die IT-Sicherheit eines Netzwerks kann nur so gut sein wie ihr schwächstes Glied. Somit wird Cybersecurity zu einer gemeinschaftlichen Verantwortung, die nicht ein Unternehmen allein leisten kann, sondern alle Beteiligten etwas angeht.[128] Dafür muss innerhalb eines ganzheitlichen Sicherheitskonzeptes die Abstimmung und Harmonisierung der Maßnahmen sowohl im Unternehmen zwischen Office-IT und Automatisierung in der Produktion als auch netzwerkübergreifend zwischen den Supply Chain Partnern erfolgen.[129] Die Nutzung von Standards und Zertifizierungen unterstützt diesen Prozess. Die Etablierung eines Sicherheitsmanagements gewährleistet dabei eine effiziente und resiliente IT-Sicherheit, indem es die gezeigten Lösungsansätze und Handlungsempfehlungen auf technischer und organisatorischer Ebene professionell umsetzt und der sich dynamisch verändernden Bedrohungssituation in Wertschöpfungsnetzwerken proaktiv und kontinuierlich anpasst.[130]

Auch die Wirtschaftlichkeitsbetrachtung möglicher Maßnahmen darf nicht außen vor gelassen werden. Viele Unternehmen sehen IT-Sicherheit immer noch als reinen Kostenfaktor, der betriebswirtschaftlich gesehen unproduktiv, aber notwendig ist. So geben 58% der Unternehmen an, dass fehlendes Budget ein Hindernis für bessere IT-Sicherheit ist.[131] Jedoch machen sich die Investitionen bezahlt, wenn Angriffe und wirtschaftliche Schäden erfolgreich abgewehrt werden.[132] Ein Kosten-Nutzen-Vergleich im Kontext von IT-Sicherheit ist in Anhang 4 aufgeführt. Im Sinne eines fortlaufenden aktiven Risikomanagements kann durch Risikoanalysen regelmäßig evaluiert und abgewogen werden, welche Informationen besonders schützenswert oder angreifbar sind und für welche kein hochsicherer, aufwendiger Schutz gewährt werden muss. Vor allem hinsichtlich der Assets müssen die abgeleiteten Sicherheitsmaßnahmen passgenau sein.[133] So können insbesondere KMU, deren Kernkompetenz nicht auf IT-Sicherheit beruht, ihr knappes

---

[126]Vgl. Bundesministerium für Wirtschaft und Energie (2016), S. 198.
[127] Vgl. Reflex Verlag GmbH (2015), S. 9; BITKOM e. V./VDMA e. V./ZVEI e. V. (2015), S. 92.
[128] Vgl. BITKOM e. V./VDMA e. V./ZVEI e. V. (2015), S. 72.
[129] Vgl. Ebd., S. 92.
[130] Vgl. Kersten/Klett (2015), S. 267ff.; BITKOM e. V./VDMA e. V./ZVEI e. V. (2015), S. 93.
[131]Siehe Anhang 3: Hindernisse für bessere Informationssicherheit.
[132]Vgl. Malecki (2015), S. 53.
[133] Vgl. BITKOM e. V./VDMA e. V./ZVEI e. V. (2015), S. 73.

Budget hauptsächlich auf die wichtigsten schutzbedürftigen Assets konzentrieren und ein umfassendes IT-Sicherheitskonzept für ihre speziellen Bedürfnisse entwickeln.

Da die Anforderungen an IT-Sicherheit und die entsprechende Ausprägung von Präventionsmaßnahmen äußerst unternehmensspezifisch sind und der technische Fortschritt sich unaufhaltsam weiterentwickelt, wird es keine 100%ige Sicherheit und auch keine allgemeingültige Lösung geben.[134] Verbleibende Restrisiken können durch Cyber-Risk-Versicherungen abgedeckt werden, welche Unternehmen für potenzielle Schadensfälle durch Cybercrime absichern. Diese Versicherungen sind in den USA, wo Cyber-Kriminalität bereits verbreiteter ist als in Europa, schon sehr geläufig und gern genutzt, wohingegen sie in Deutschland für Unternehmen erst jetzt zunehmend interessant und noch vergleichsweise günstig angeboten werden.[135] Letztlich hängt IT-Sicherheit auch immer von der persönlichen Bereitschaft Verantwortlicher ab, Risiken einzugehen oder eben abzusichern.[136] Bspw. wird auch abgewogen, welche Daten in Clouds mit Supply Chain Partnern geteilt werden – je nach Mehrwert, der durch die Auswertung der Informationen im Vergleich zu einem möglichen Know-How-Abfluss generiert werden kann.[137]

Die Umsetzung eines ganzheitlichen Sicherheitskonzepts im Rahmen von Sicherheitsmanagement und Risikobewertung wird für KMU mit der Orientierung an Best-Practice-Lösungen, Standards und Normen vereinfacht. Diese Bezugsgrößen müssen in Zukunft unter Berücksichtigung der Bedürfnisse kleiner und mittelständischer Unternehmen weiter entwickelt werden, um eine unkomplizierte Einbindung von standardisierten Security-Lösungen in die Unternehmensprozesse zu ermöglichen.[138] Die Entwicklung einer branchenunabhängigen Semantik innerhalb von interdisziplinären, allgemeingültigen Referenzmodellen stellt eine zentrale künftige Herausforderung dar, um als Leitfaden für KMU zu dienen, IT-Sicherheitsszenarien zu evaluieren oder für konkrete Fallbeispiele Sicherheitsimplikationen, Gefahrenpotenziale und Risikoeinschätzungen abzuleiten.[139] So könnten KMU als Hauptakteure in der Industrie 4.0 künftig diese Referenzmodelle als Basis für IT-Sicherheitskonzepte in der Planungs- oder Weiterentwicklungsphase mit einbeziehen.

Festzuhalten bleibt, dass es ohne eine ausgeprägte IT-Sicherheit voraussichtlich keine flächendeckende vierte industrielle Revolution geben wird. Nur durch das Vertrauen in die Technik und Datensicherheit sowie die konsequente Umsetzung von Sicherheitsmaßnahmen kann ein Vertrauen in Wertschöpfungspartner gestärkt und somit die Synergien der vernetzten, selbststeuernden Produktion und Wertschöpfungsnetzwerke ausgeschöpft werden.

---

[134]Vgl. Ebd.
[135] Vgl. Schonscheck (2015).
[136] Vgl. Bundesministerium für Wirtschaft und Energie (2016), S. 226.
[137] Vgl. BITKOM e. V./VDMA e. V./ZVEI e. V. (2015), S. 93.
[138] Vgl. Ebd.
[139]Vgl. Bundesministerium für Wirtschaft und Energie (2016), S. 69; Schöning (2015), S. 104.

5 Anhang

Anhang 1: Erfolgsfaktoren der Digitalisierung in der Industrie 4.0

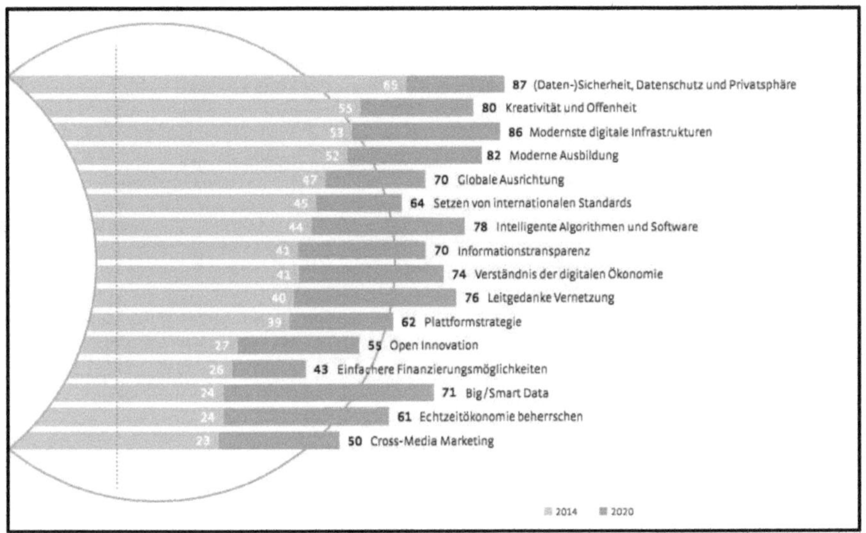

Quelle: Münchner Kreis e. V. u. a. (2015), S. 15.

Anhang 2: Angreifer-Typen und Motivation

Angreifertyp	Beschreibung	Fähigkeiten	Motivation
Anwender	Anwender mit Zugriff auf IT-Systeme können versuchen, diese zu manipulieren, um ihre Arbeit zu erleichtern. Sie führen typischerweise keine bösen Absichten.	Niedrig	– Umgehen von Workflows eines Unternehmens – Komfortablere Nutzung einer Software-Schnittstelle mit schlechter Usability – Anpassung von IT-Systemen an eigene Anforderungen
Böswillige Angestellte	Böswillige Angestellte schädigen ihren Arbeitgeber oder andere Angestellte vorsätzlich.	Niedrig/ Mittel	– Erpressung – Rache – Ausschalten von Rivalen in Unternehmen, Karrieredruck – Verstecken von unrechtmäßigen oder unerlaubten Aktivitäten
Kleinkriminelle	Kriminelle, die IT-Systeme im kleinen Umfang zur unrechtmäßigen persönlichen Bereicherung angreifen. Angriffe sind typischerweise weder besonders organisiert, noch Bestandteil einer umfassenden kriminellen Strategie.	Niedrig/ Mittel	– Unrechtmäßige persönliche Bereicherung
Script-Kiddies	Personen, oftmals pubertär, mit wenig krimineller Energie, greifen IT-Systeme an, um ihr technisches Wissen auszuprobieren oder sich selbst zu behaupten.	Niedrig/ Mittel	– Hacken für Anerkennung
Hacktivists	Personen, die politisch motivierte Angriffe gegen IT-Systeme von Repräsentanten eines bestimmten politischen Systems oder Interessensgruppe richten. Ziele können IT-Systeme von Unternehmen sein, welche von den Angreifern als Gegner assoziiert werden.	Mittel	– Beeinträchtigung der Arbeitsabläufe von Unternehmen, welche als unmoralisch oder als gegen die eigene politische Meinung wahrgenommen werden. – Öffentliche Aufmerksamkeit auf das als böse wahrgenommene Unternehmen lenken.
Konkurrent	Konkurrierende Unternehmen können IT-Systeme angreifen, um die eigene wirtschaftliche Leistung auszuweiten oder die Aktivitäten oder Arbeitsabläufe des Konkurrenten zu behindern.	Mittel/ Hoch	– Industriespionage – Sabotage
Organisiertes Verbrechen	Kriminelle Organisationen greifen IT-Systeme als Teil einer umfassenden kriminellen Strategie an, um ihren Profit zu maximieren.	Hoch	– Illegale Aktivitäten mit monetärem Gewinn im großen Stil – Verstecken illegaler Aktivitäten – Erpressung – Verhindern von Ermittlungen
Geheimdienste	Geheimdienste führen Angriffe auf IT-Systeme primär für Aufklärungszwecke aus, aber zur Durchsetzung eigener spezifischer Interessen.	Hoch	– Auskundschaftung, Informationsdiebstahl – Manipulation von Informationen – Sabotage kritischer Infrastrukturen, Kriegsführung im Cyberspace

Quelle: Bundesministerium für Wirtschaft und Energie (2016), S. 87f.

Anhang 3: Hindernisse für bessere Informationssicherheit

Bei der Verbesserung der ISi behindern am meisten (Mehrfachnennungen möglich)	2014	2012	2010	2008	2006
Es fehlt an Bewusstsein bei den Mitarbeitern	68%	64%	59%	69%	52%
Es fehlt an Geld/Budget	58%	49%	57%	43%	55%
Es fehlt an Bewusstsein und Unterstützung im Top-Managment	53%	56%	47%	55%	45%
Es fehlt an Bewusstsein beim mittleren Management	52%	49%	54%	45%	37%
Es fehlen verfügbare und kompetente Mitarbeiter	45%	37%	41%	43%	32%
Es fehlt an Möglichkeiten zur Durchsetzung sicherheitsrelevanter Maßnahmen	43%	34%	35%	38%	31%
Die Kontrolle auf Einhaltung ist unzureichend	35%	38%	38%	41%	27%
Anwendungen sind nicht für ISi-Maßnahmen vorbereitet	31%	26%	27%	27%	25%
Die vorhandenen Konzepte werden nicht umgesetzt	27%	25%	27%	27%	22%
Die Komplexität heutiger IT-Landschaften ist nicht mehr beherrschbar	22%	–	–	–	–
Es fehlen geeignete Methoden und Werkzeuge	21%	17%	14%	16%	16%
Es fehlen realisierbare (Teil-)Konzepte	21%	20%	21%	25%	19%
Es fehlen die strategischen Grundlagen / Gesamt-Konzepte	19%	27%	31%	36%	29%
Die Menge der verarbeiteten Daten ist nicht mehr beherrschbar	18%	–	–	–	–
Es fehlen geeignete Produkte	18%	16%	13%	16%	13%
Es fehlt an praxisorientierten Sicherheitsberatern	13%	11%	16%	14%	8%
Sonstige	5%	2%	4%	3%	5%
Keine	1%	3%	2%	1%	3%
Basis: 131 Antworten (2012: 133, 2010: 133, 2008: 143, 2006: 158)					

Quelle: <kes> Die Zeitschrift für Informations-Sicherheit (2014), S. 13.

Anhang 4: Kosten-Nutzen-Faktoren im Kontext von IT-Sicherheit

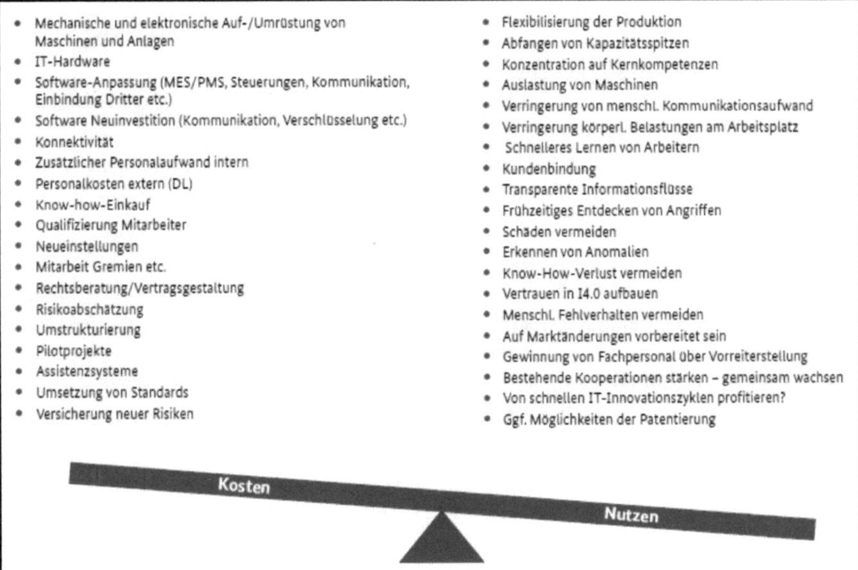

Quelle: Bundesministerium für Wirtschaft und Energie (2016), S. 227.

Literaturverzeichnis

Allianz für Cyber-Sicherheit (2015): Cyber-Sicherheits-Umfrage 2015, Bonn.

Acatech – Deutsche Akademie der Technikwissenschaften e. V. u. a. (2013): Umsetzungsempfehlungen für das Zukunftsprojekt Industrie 4.0 – Abschlussbericht des Arbeitskreises Industrie 4.0, Frankfurt/Main.

Bartmann, Michael (2014): Die PSI Lösungsarchitektur für Produktionssysteme der Zukunft, in: Industrie 4.0 Magazin, S. 8-11.

Beyerer, Jürgen u. a. (2014): Strategie- und Positionspapier Cyber-Sicherheit 2020: Herausforderungen für die IT-Sicherheitsforschung, München.

BITKOM e. V./VDMA e. V./ZVEI e. V. (2015): Umsetzungsstrategie Industrie 4.0. Ergebnisbericht der Plattform Industrie 4.0, Berlin.

Bundesamt für Sicherheit in der Informationstechnik (2015): Die Lage der IT-Sicherheit in Deutschland 2015, Bonn.

Bundesamt für Sicherheit in der Informationstechnik (2014): Die Lage der IT-Sicherheit in Deutschland 2014, Bonn.

Bundeskriminalamt (2015): Cybercrime. Bundeslagebild 2014, Wiesbaden.

Bundesministerium für Wirtschaft und Energie (2016): IT-Sicherheit für die Industrie 4.0. Produktion, Produkte, Dienste von morgen im Zeichen globalisierter Wertschöpfungsketten, Berlin.

Clough, Jonathan (2015): Principlesof Cybercrime, 2. Aufl., Cambridge/Großbritannien.

Deutscher Bundestag (2015): Gesetzesentwurf der Bundesregierung. Entwurf eines Gesetzes zur Erhöhung der Sicherheit informationstechnischer Systeme (IT-Sicherheitsgesetz), Drucksache 18/4096, Berlin.

Diemer, Johannes (2014): Sichere Industrie 4.0-Plattformen auf Basis von Community-Clouds, in: Bauernhansl, Thomas/Hompel, Michael ten/Vogel-Heuser, Birgit (Hrsg.): Industrie 4.0 in Produktion, Automatisierung und Logistik. Anwendung, Technologien, Migration, Wiesbaden, S. 369-396.

Eckert, Claudia (2014): IT-Sicherheit. Konzepte, Verfahren, Protokolle, 9. Aufl., Oldenbourg.

Fallenbeck, Nils/Eckert, Claudia (2014): IT-Sicherheit und Cloud Computing, in: Bauernhansl, Thomas/Hompel, Michael ten/Vogel-Heuser, Birgit (Hrsg.): Industrie 4.0 in Produktion, Automatisierung und Logistik. Anwendung, Technologien, Migration, Wiesbaden, S. 397-432.

<kes> Die Zeitschrift für Informations-Sicherheit (2014): IT-Landschaften 2014: Lagebericht zur Sicherheit. Sonderdruck: Ergebnisse der <kes>/Microsoft-Sicherheitsstudie 2014.

Kersten, Heinrich/Klett, Gerhard (2015): Der IT Security Manager. Aktuelles Praxiswissen für IT Security Manager und IT-Sicherheitsbeauftragte in Unternehmen und Behörden, 4. Aufl., Wiesbaden.

Klipper, Sebastian (2015): Cyber Security. Ein Einblick für Wirtschaftswissenschaftler, Wiesbaden.

Malecki, Florian (2015): IT-Sicherheit: Kostenfaktor oder Investition in die Zukunft?, in: Wissensmanagement – Das Magazin für Führungskräfte, Heft 12015, S. 52-53.

Münchner Kreis e. V. u.a. (2015): Digitalisierung. Achillesferse der deutschen Wirtschaft? Wege in die digitale Zukunft, München.

Reflex Verlag GmbH (2015): Industrie 4.0. Die vierte industrielle Revolution geht weiter, in: Handelsblatt vom 12.03.2015.

Rieckmann, Johannes/Kraus, Martina (2015): Tatort Internet: Kriminalität verursacht Bürgern Schäden in Milliardenhöhe, in: DIW Wochenbericht, Heft 12 2015, S. 295-301.

Schöning, Harald (2015): IT-Sicherheit in Industrie 4.0, in: Köhler-Schute, Christiana (Hrsg.): Industrie 4.0: Ein praxisorientierter Ansatz, Berlin, S. 97-115.

Soder, Johann/Bauernhansel, Thomas/Fass, Michael (2016): Industrie 4.0. Ein Whitepaper von SEW-EURODRIVE, Bruchsal.

Witt, Bernhard C. (2006): IT-Sicherheit kompakt und verständlich. Eine praxisorientierte Einführung, Wiesbaden.

Quellenverzeichnis

AccountingTools (2016): Assets, URL: http://www.accountingtools.com/definition-asset, Stand:16.Juli 2016.

A.T. Kearney GmbH (2015): A.T. Kearney: Nur wenige Unternehmen schützen ihre Daten effizient und wirkungsvoll.,URL: https://www.atkearney.de/documents/856314/5503477/PM+Nur+wenige+Unternehmen+sch%C3%BCtzen+ihre+Daten+effizient+und+wirkungsvoll.pdf/06efae31-3c61-485e-add6-36ca591d34a3, Stand: 17. Juli 2016.

BITKOM e. V. (2014): Investitionen in Industrie 4.0 steigen rasant, URL: https://www.bitkom.org/Presse/Presseinformation/Investitionen-in-Industrie-40-steigen-rasant.html, Stand: 06. Juni 2016.

Bundeskriminalamt (2016): Internetkriminalität / Cybercrime, URL: http://www.bka.de/DE/ThemenABisZ/Deliktsbereiche/InternetKriminalitaet/internetKriminalitaet__node.html?__nnn=true, Stand: 05. Juni 2016.

Gabler Wirtschaftslexikon (2016): Cloud-Computing, URL: http://wirtschaftslexikon.gabler.de/Definition/cloud-computing.html, Stand: 07. Juni 2016.

Hülsbömer, Simon (2015): Antivirus ist tot - die Security-Trends 2016. Prognosen zu Compliance, Industrie 4.0, Datenschutz, URL: http://www.computerwoche.de/a/antivirus-ist-tot-die-security-trends-2016,3220280, Stand: 20. Juli 2016.

Merriam-Webster, Incorporated (2015): Hacker, URL: http://www.merriam-webster.com/dictionary/hacker, Stand: 06.Juni 2016.

Schonscheck, Oliver (2015): Unternehmen gegen Hacker versichern. IT-Security & Cyber-Risk-Versicherung, URL: http://www.computerwoche.de/a/unternehmen-gegen-hacker-versichern,3213043, Stand: 22. Juli 2016.

WeltN24 GmbH (2016): Wie „gute" Hacker Firmen im Cyberkrieg helfen, URL: http://www.welt.de/sonderthemen/mittelstand/it/article139326913/Wie-gute-Hacker-Firmen-im-Cyberkrieg-helfen.html, Stand: 05. Juni 2016.